Ortrud Schubart-Stumpfe

Der Kampf mit dem Drachen

Ortrud Schubart-Stumpfe

Der Kampf
mit dem Drachen

Begegnungen mit einer Elementarkraft
im Spiegel der Kulturen

 **Verlag Urachhaus**

Die Drucklegung erfolgte mit freundlicher Unterstützung
der Columban-Stiftung, Überlingen.

Bildnachweis:
Archiv für Kunst und Geschichte, Berlin (Umschlagvorderseite, Abb. 8, 25, 26,
27); Ikonenmuseum Recklinghausen (Abb. 21); Kulturgeschichtliches Archiv
Hansmann, München (Abb. 3, 5, 11); Landesbibliothek Stuttgart (Frontispiz,
Abb. 7, 10); Staatliche Antikensammlungen und Glyptothek, München (Abb. 14)

ISBN 3-8251-7229-5

Erschienen 1999 im Verlag Urachhaus
© 1999 Verlag Freies Geistesleben & Urachhaus GmbH, Stuttgart
Umschlagbild: Paolo Veronese, Perseus und Andromeda, um 1577, Rennes,
Musée des Beaux-Arts
Frontispiz: Dracheninitiale aus dem Landgrafenpsalter, 1208–1213
Druck: Proost NV, Turnhout

Inhalt

Ein Sog der Neugier geht von dem Wesen ›Drache‹ aus. Es ist gefährlich, der Kampf mit ihm ist ein Wagnis. Aber es ist besiegbar. Darin liegt die Spannung, die Verlockung durch das Unheimliche, die Angst erzeugt, aber aus der sich auch Mut schöpfen lässt, diesen Kampf zu bestehen. Man ahnt, dass man mehr Kräfte hat, als bisher in einem erwacht sind, und dass es noch vieles zu entdecken gibt. Schließlich ist ein Leben ohne Abenteuer wie eine Speise ohne Salz.

Es gibt zwei Aspekte, zwei Erlebnisweisen, die ›Drache‹ genannt werden: einmal das gefährliche, zu bekämpfende Wesen im Westen, zum andern das gefährliche, aber in Hochachtung zu befragende Wesen im Osten, in China. In Altamerika wird es, beides verbindend, stumm hingenommen innerhalb der Götterordnung.

Das westliche Symbol des Drachens ist kein Abbild eines lebenden Tieres, sondern vereint viele Formen: Flügel, Füße und Schuppenleib von Echsen, Schlangenleib, einen Furcht erregenden Kopf, manchmal auch einen Menschenkopf. Aber alles daran ist gefährlich, Feuer speiend. Es hat eben keine klare Gestalt, vielmehr sind es Formversuche, zornig gerafft.

1. Der Drache von Rhodos. Aus einer Naturgeschichte des 17. Jahrhunderts.   7

Mesopotamische Ursprünge
des Drachenmythos

Die abendländische Bildgeschichte vom Drachen hat ihren Ursprung um 3000 v. Chr. in Sumer. Dort und im nachfolgenden Akkad und Babylonien wurde vom Oberpriester an jedem der großen siebentägigen Neujahrsfesten die Geschichte von der Erschaffung der Welt erzählt. Dabei leistete der Stadtfürst den Göttern einen Schwur, die Bewässerungskanäle in Ordnung zu halten, das Korn zur Nahrung und zur Saat zu verteilen, damit alles reiche Früchte trage und niemand hungern müsse, die wilden Tiere zu bekämpfen, die Verehrungsstätten der Götter mit den kostbaren Gesteinen, die die Erde darbietet, zu gestalten, damit die Seelen und Gedanken der Menschen dem Guten zugewandt blieben.

Erzählt wurde, was die Weisen in Bilder gefasst hatten: *Tiamat*, das große Meeres-Urgewässer, und *Apsû*, der große unterirdische Süßwasserozean, ließen aus dem wässrigen Urzustand des Seins Formen, Wesen hervorgehen. Bald aber wurden diese Wesen aktiv. Der Lärm störte Tiamat und Apsû wie auch seinen Ratgeber Mummu, weshalb sie diese Wesen wieder ›auflösen‹ wollten. Daraufhin begann der Kampf. In Sumer hieß es, *Enlil* (Herr der Winde, der geistigen ›Luft‹) und *Enki* (Herr der Erde) bewirkten die Trennung von Erde, Wasser und Himmel.

Im akkadischen Schöpfungsepos tritt nun die nächste Generation göttlicher Wesen hervor. Enki überträgt im Einklang mit dem obersten Planer, dem *An* (= oben, Himmel, Gott), seinem ›Sohn‹ *Marduk* (›Jungrind des Sonnengottes‹, also Sonnenkraft wirkend) die geistige Führung, die ›Enlil-schaft‹, über die Menschen, weil er Tiamat bezwang und damit die Götter vor der Vernichtung bewahrte.

Marduk dringt in die Tiamat ein, spaltet sie von innen und bringt sie so zur Offenbarung. Später begegnen wir diesem ›In-den-Drachen-Steigen‹ auch im griechischen Mythos von Jason (siehe Abb. 15) und im Märchen. Aus den beiden Hälften ihres Leibes

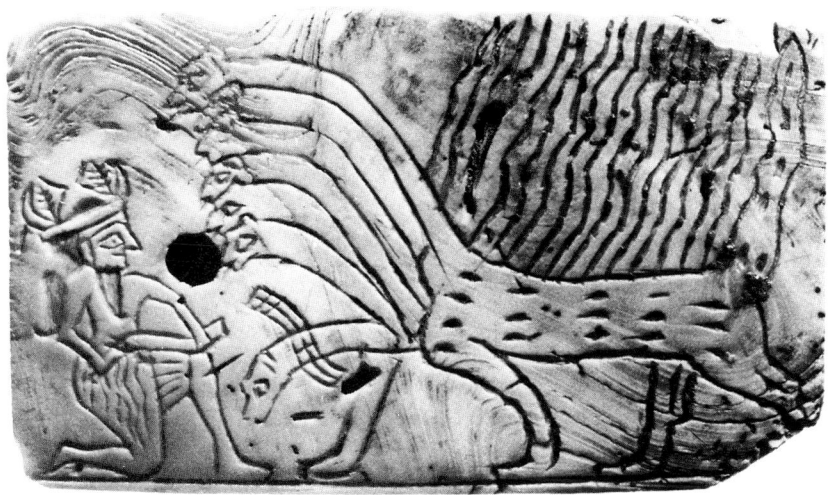

2. *Der siebenköpfige mesopotamische Urdrache, halb Schlange, halb Panther, von dessen Rücken Flammen emporsteigen. Muscheltäfelchen, akkadisch, ca. 2350–2150 v. Chr.*

bildete er Himmel und Erde, oben und unten. So wird der vom Süßwasser durchzogene Bereich (Apsû) zur physisch-räumlichen Erde, auf der die Menschen leben. Als Meditationshaus des Enki, des Herrn der Erdenweisheit, ist Apsû auch der ›verborgene Ort der Erkenntnisse‹, und Apsûs Wesir, der Ratgeber Mummu, gibt nun sein Wissen in alle Schulen, die in Sumer daher als ›Haus des Mummu‹ bezeichnet wurden.

Dies stellt sich wie eine Kurzlehre der Erdentstehung unter der kampfreichen und schrittweise-evolutionären Leitung geistiger Wesen, der Götter, dar. Ähnliches berichteten auch andere Völker in ihren Mythen. Doch hier im Vorderen Orient, in Mesopotamien, kommt ein neuer Ton, ein intensiver Bewusstseinseinschlag hinzu. Erkenntnis muss der Natur abgerungen werden. Und man empfindet nun Tiamat (das ›Meer‹, der Urwasserzustand), diesen bedrängten Kräfte-Urzustand, als Gefahr, als Drachen.

Man muss die Bilder, die ›Imaginationen‹ aufschlüsseln, um die darin verhüllt wiedergegebenen konkreten Prozesse darzulegen. Wenn man solch ein Bild einmal in sich erstehen lässt, spürt man, 9

3. Göttlicher Held im Kampf gegen den Drachen. Assyrisch, 8. Jh. v. Chr. Bei dem dargestellten Kämpfer handelt es sich möglicherweise um die nationale Gottheit Assur in der Rolle, die bei den Babyloniern Marduk innehatte und noch früher Enlil, der sumerische Luftgott.

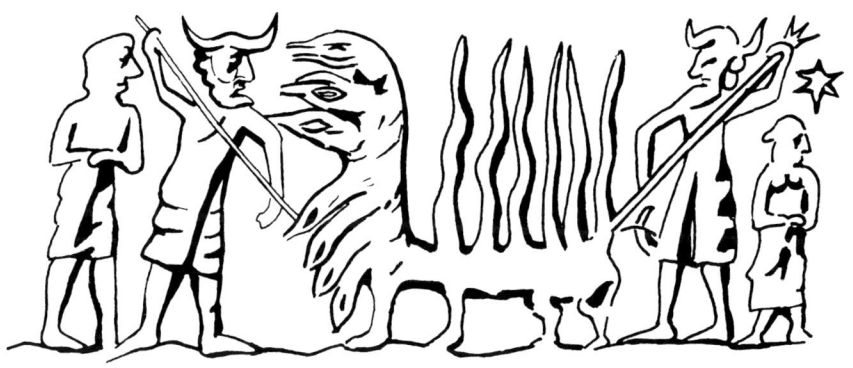

3. Zwei Götter mit Hörnerkrone und Lanze kämpfen gegen einen siebenköpfigen Drachen. Rollsiegel, akkadisch, ca. 2350–2150 v. Chr.

dass die Schöpfungsaktivitäten von den Menschen zunächst schrittweise beobachtet, praktisch beachtet und erst viel später ausformuliert werden konnten. Man sah sie nie als ein ›Sich-von-selbst-Organisieren‹, sondern als evolutionäre Handlungen planender geistiger Wesen, die in einer enormen Kräfteanspannung zusammenwirkten und deren Wirken auf Bewusstsein hinzielte.

Die aufmerksam beobachtenden und forschenden, nach exakten Begriffen suchenden Griechen definierten später, wie Damaskios um 520 v. Chr. in Athen, den Begriff Mummu als ›vernünftiges Ordnungsprinzip‹, also als immanente Sinnkraft im zu bewältigenden Urchaos. Diese zu entdecken beschäftigt noch die Chaos-Theoretiker am Ende des 20. Jahrhunderts, aber anders als ihnen blieb den Menschen um 3000 v. Chr. die mögliche Gefahr, die von diesem Chaos ausgehen kann, viel deutlicher bewusst. Sie sahen sie, sie lasen sie in ›der Schrift des Himmels‹, in jenem Sternbild, das die Sumerer MU.BU.SAR.DA, ›Joch des Himmelsherrn Anu‹ nannten, den Offenbarungssitz des ›Großen des Himmels und der Erde‹. Dort befand sich damals der Polarstern, um den sich das Himmelsgewölbe dreht. (Heute findet man ihn an der Deichselspitze des Urs minor, des Kleinen Wagens.)

Auch die Griechen fanden dieses Zeichen am Himmel und sahen darin das Wesen, das ›Feuer aus den Augen strahlt‹ (draco-

11

5. *Albrecht Dürer, Himmelskarte in Form eines Astrolabiums mit figürlicher Darstellung der Sternbilder. Kolorierter Holzstich aus dem ›Caesareum astronomicum‹ Kaiser Karls V., 1548.*

mei), das dem Menschen auf dem Weg aller echten Wandlungen als Prüfung begegnet: den *drakon* (Drachen).

Das Bild des Drachenkampfes als eine Raffung des beständigen Ringens zwischen Chaos und Kosmos war um 3000 v. Chr. in Sumer ausgeformt worden und wurde auch in Assyrien und später im Judentum aufgegriffen. Auch hier war man sich der Spannung zwischen dem Urwogen der Kräfte und wacher Wissensimmanenz, Tiamat und Mummu, bewusst. Der zentrale, repräsentative Tempel in Jerusalem, den der ›weise‹ Salomo um 950 v. Chr. erbauen ließ, hatte vor dem Eingang als mahnendes Symbol ›das eherne Meer‹, das ›tehom‹ (= Tiamat). Es war von zwölf Stieren umgeben, die ihm stellvertretend für den Tierkreis das Bild der kosmischen Ordnung entgegensetzten.

Diese Bildsprache war nicht intellektuell erdacht, sondern eine geformte Schauung intensiv und wach fühlender Menschen, die diesen Kampf zwischen Daseinsbewahrung und Zerstörung der Lebensbasis täglich erlebten. Das Bild war keine Spielfigur, sondern man fühlte darin ein Wesen wirken, eine Gegenkraft. Dadurch, dass man fragend, forschend, pflegend in den Naturzusammenhang eingreift, fühlt es sich gestört. Das Wesen, ›der Drache‹, wird aktiv,

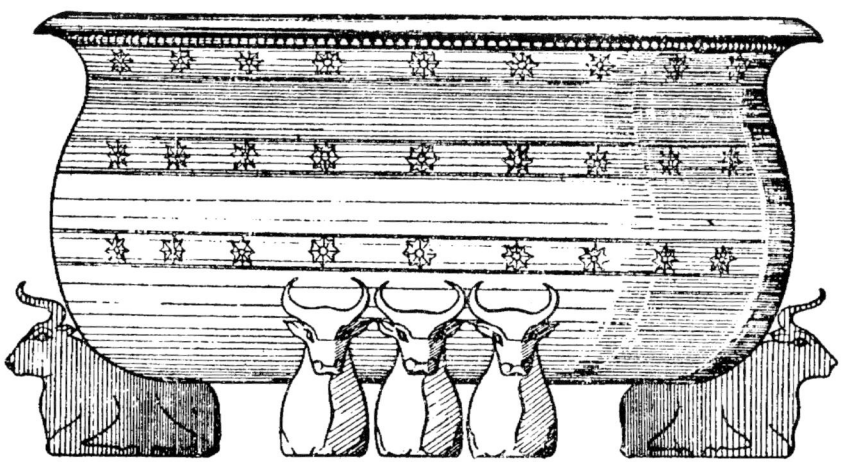

6. Rekonstruktion des ›Ehernen Meeres‹ von L.H. Vincent, 1956.   13

auch in seiner Rolle als ›Hinderer‹, als ›satanas‹ (Widersacher). Er wendet sich gegen dieses menschliche Forschen, gegen die Bewusstseinsentfaltung des Menschen oder will sie, wo er sie nicht verhindern kann, als ›diabolus‹ (›Durcheinanderwerfer‹, woraus das Wort Teufel entstand) an sich reißen und verwirren. Damit wird die Gefahr des Irrtums, der Unordnung und des Missbrauchs offenbar.

Das Mahnbild Drache
im Alten Testament

Die Überlieferungen all dieser Kulturen des vorderen Orients – beginnend mit den Sumerern bis hin zu den Griechen – wussten von jenem ›Feuer aus den Augen strahlenden Wesen‹ und betrachteten es als eine reale Gegenkraft. An diese Sichtweise knüpft auch Rudolf Steiner an, wenn er Ahriman als Gegenspieler des zur Ich-Reife aufrufenden Christus nennt. ›Angrimanyu‹, wie er im frühen iranischen Sprachgebrauch heißt, der ›das Erkennen Verengende‹, wartet auf Einlass ins Denken der Menschen. In der Astralsphäre, also im Geistbereich, kann er als Astralbild ›Drache‹ wahrgenommen werden.

Damals waren die Menschen noch dicht von den Gewalten der Natur umgeben. Man sprach mit ihnen, erlebte sie als reale Wesen. Heute nehmen wir nur noch technische Vorgänge wahr, nicht mehr die realen Wesenheiten, die dahinter stehen, mit denen man damals noch sprach, denen man unmittelbar begegnete. Doch inzwischen erkennen wir wieder die Gefahr, durch das Missverstehen und den Missbrauch von Teilerkenntnissen die Fundamente unseres Daseins zu zerstören. Das Mahn-Bild des Drachen bekommt neue Aktualität.

omnia a te expectant · ut des illis escam in
tem po e ··

7. *Leviathan. Aus dem ›Stuttgarter Psalter‹, 9. Jh.*

Einst stand das Bild des Drachens, unabhängig davon, wie man es darstellte und wie man es nannte, als Aufruf zur Selbstüberwindung. Denn die Gefahr drohte ständig, dass man in Trägheit oder Hochmut die Grundlagen der Schöpfung und die Bedingungen ihres Daseins missachtete, dass die große Tiamat-Chaotik wieder alles fortreißen würde. Man erinnerte sich in Mesopotamien jedes Jahr aufs Neue an Marduk, der in diesem Kampf gegen das Chaoswesen als Gottheit voranging.

Auch in Israel wurde in Krisenzeiten, wenn geistige Trägheit oder Überheblichkeit überhand nahm, dieses universelle Bild des ›Drachens‹ immer wieder herbeizitiert. Es wurde dabei nicht nur die Gefahr empfunden, die vom ›Leviathan‹, dem ›Umspanner‹, dem ungeheuren, alles Geformte bedrohenden Urwasser ausging. Auf der Stufe des menschlichen, zur Verantwortung fähigen Bewusstseins beschwor man auch das Mahnbild des Drachenkampfes, die Bereitschaft, ihm entgegenzutreten. Dessen zentrale Aussage wird in der

15

Geschichte von Daniel, der gegen die Gefahr der Dekadenz der spät-babylonischen Verführungen ankämpfte, besonders deutlich.

Daniel, wie er im gleichnamigen Buch des Alten Testaments dargestellt wird, steht in seiner strengen, konsequenten Lebensführung den triebhaft gewordenen Menschen um Nebukadnezar gegenüber. Er gehört zu der wachen Gruppe jener Juden, die das Kommen des Messias vorbereiten wollten, zu den Nasiräern (Nazareth war eine ihrer Siedlungen). Es heißt, er trank keinen Wein und aß kein Fleisch, aber seine strahlende Schönheit und Klugheit erstaunte die Babylonier, und seine Träume, seine Zukunftsschauungen ließen aufhorchen. In diesen Träumen ist das Bild des Drachenkampfes deutlich gegeben (Daniel 7).

Daniel (= Gott ist Richter) sah in seiner apokalyptischen Vision, die Gegenwartskritik einschloss, das drachenhäuptige, alles zermalmende Tier mit den eisernen Zähnen und den Klauen aus Bronze, aber er sah auch das gewaltige leuchtende Wesen in den Wolken, das ihm den Erzengel Michael als Helfer nannte.

Nach jüdischer Tradition war Daniel mit seinem Volk ins babylonische Exil gegangen und erlangte dort eine führende, beratende Stellung zunächst am Hofe Nebukadnezars, dann bei Kyros, mit dessen Herrschaft der Aufstieg und die Verbreitung der iranischen Kultur einherging. Zur selben Zeit verkündete Buddha in Indien seine strenge Lehre vom achtgliedrigen Pfad, und im griechischen Raum bereiteten die ionischen Denker an der kleinasiatischen Küste die Gedankenentfaltung einer neuen Zeit vor. In Nachfolge der sumerischen Götter, die in drei Schritten bzw. Generationen, als Ea, Enlil, Marduk, die Schöpfung gestalteten und bewahrten, dringt nun ein neuer Aufruf an die Menschen.

Hier wird eine Gedankenspur erkennbar, die nun, vermittelt durch das bedeutungsvolle Bild des Erzengels *Micha-el* (= Wer ist wie Gott?) als Drachenbesieger, über Byzanz in die russisch-orthodoxe Kirche und im 7. Jahrhundert n. Chr. ins zentrale Europa führt und vor allem im russischen, im slawischen Märchen die ganz spezielle Intensität des Drachenkampfes prägt. Klar tönt hier der Anruf des Helden an den Drachen: »Du, unreiner Geist, mit dir will ich kämpfen.«

8. Daniels Vision von den vier Ungeheuern. Illustration zur Heiligen Schrift von 1625/27. Die Tiere, darunter der zehnfach gehörnte Drache, werden als Allegorie der vier heidnischen Weltreiche gedeutet, die sich erheben und wieder versinken.

Wer durchsetzt ist von Trieben zum hochmütigen Missbrauch der Naturkräfte oder von der Trägheit des Nicht-Verantworten-Wollens, ist nicht rein wie der Wille der ›guten‹ Götter, die dem Menschen die Erde bereiteten und zur Verantwortung übergaben. Alte Kulturen, auf denen wir aufbauen, nannten den Schützer der reinen, geistig-kristallklaren Ordnung Marduk oder Michael. Beide Namen haben denselben Sinn, und Michael nannte man auch ›das Antlitz Gottes‹, in dem man das dem Menschen nicht wahrnehmbare Wesen des verborgenen Gottes erkennen konnte.

Der Drachenkampf
als europäischer Kulturimpuls

Die deutliche Ausprägung dieses Drachenkämpfer-Motivs vollzog sich in den südlichen Kulturen, die die Entwicklung des logischen Denkens und der naturwissenschaftlichen Forschung pflegten und vorantrieben. Im germanisch-keltischen Kulturbereich des Nordens hatte man durchaus dasselbe Grunderlebnis: Ursprüngliche Schöpfung, titanenhafte chaotische Urkräfte, wurden als ständige Bedrohung empfunden, der der Kampf der leitenden Götter und ihrer Schüler, der Helden als Lehrer aller Menschen ihres Umkreises, galt. Der Drachenkampf, den Siegfried (= Sigurd) zu leisten hatte, um die Triebsphäre zu bemeistern und durch die ›Feuerlohe‹ zu seinem höheren Selbst, zu Brunhild, der Walküre (= im rechten Moment auf dem Kampffeld kürend), gelangen zu können, ist eine Forderung allmenschlicher Welterkenntnis.

9. Sigurd besiegt den in Form eines Runenbandes dargestellten Drachen Fafnir. Felsritzung auf dem Ramsundfelsen in Södermanland, Schweden.

Und auch hier wird die verborgene Kraft des ›Drachen‹, die ›mummu-Kraft‹ Sumers offenbar: Sigurd gewinnt aus dem ›Herzsaft‹ des Drachen die Fähigkeit erweiterter Naturwahrnehmung, er versteht die Sprache der Vögel, deren Aussagen für ihn nun ›wegweisend‹ werden.

Im bildhaften Geschehen der nordischen Mythologie ist der Aufruf der Leitgeister (= Götter), die wachen Bewusstseinskräfte zu ergreifen, verschlüsselt, aber unzweideutig enthalten. Das urtümliche Elementarwesen *Hreidmar* hat drei Söhne, Fafnir, Regin und Otr, in denen sich die Urkraft des Vaters differenziert. In dieses Gefüge greift nun *Loki* ein (ähnlich wie in der Genesis des Alten Testaments, wo die Luzifer-Schlange zum Baum der Erkenntnis ruft). An einem Wasserfall tötet er Otr, den in Gestalt eines Fischotters im wässrigen Element spielenden und jagenden Sohn Hreidmars, durch einen Steinwurf. Loki und die ihn begleitenden Götter Odin und Hönir glauben, viel Jagdglück gehabt zu haben und ziehen ihm die Haut ab. Zur Sühne für diese Tat müssen die Götter den Balg mit Gold füllen und noch den Ring Andwaranaut dazugeben. Dieser jähe Eingriff in das ursprüngliche Naturgefüge muss also mit den Goldkräften der Erde aufgewogen werden. Doch das alte Naturgleichgewicht lässt sich auch dadurch nicht wieder herstellen, denn auf dem Ring liegt der Fluch des Todes, den der Zwergs Andwari (der Vorsichtige, also Hütende) als erdhütendes Elementarwesen über seinen Besitzer ausgesprochen hat.

Dieser Fluch zeigt schon bald seine Wirkung. *Fafnir*, einer der Söhne Hreidmars, mordet den reichen Vater und nimmt sich den Schatz samt Ring. In Gestalt eines Lindwurms hütet er ihn in einer Höhle. Doch der um seinen Anteil betrogene Bruder *Regin* (Ratgeber, Schmied der Materiekräfte) sinnt auf Rache. Er lehrt Sigurd das Schmieden jenes Schwerts, mit dessen Hilfe er Fafnir überwältigen soll, um sich dabei selbst in Besitz des Schatzes zu bringen. Er bedarf also des Wirkens des Menschen, Fafnir (= Umarmer), der den Schatz hütet, zu töten und das Erdgold, die Erdkräfte, an sich zu reißen.

Mensch und Welterkenntnis gehören also zusammen und sind den Elementarwesen übergeordnet, wenn es nach dem Willen

19

10. Heinrich der Löwe im Kampf mit dem Lindwurm, in: Michel Wyssenherre, ›Eyn buoch von den edeln hern von Bruneczwegk‹. Noch in den Heldenerzählungen des Mittelalters lebt das Motiv des Drachenkampfes fort.

der Götter geht. Die Naturweisheit aus dem Herzsaft Fafnirs, des Drachens, lässt Sigurd den Ruf der Vögel verstehen, der ihn zu Brynhild, seinem höheren Selbst, leiten will (im Märchen ist es die Prinzessin vom ›Schloss der goldenen Sonne‹). Brynhild (Brunhild) lehrt ihn die Heilkräfte der Natur. Dass er sie später verrät, markiert das Krisenmoment auf dem Erkenntnisweg schlechthin. Dabei wird deutlich, warum neben Sigurd, dem in seinem Denken Gefährdeten, und *Wieland*, dem Willenhaften, auch *Svipdagr* (= Tag-Anrufer), der hell Fühlende, der in einer inneren Wandlung in die Lebenszone der Freya hinaufdringt, also zu dem Leitgeist innerhalb der Lebensprozesse selbst, zu den drei führenden Helden der germanischen Mythologie gehört.

20 Man wusste um die Gefahr, die beiden Sphären der Formen-

*11. Drachenknoten. Fragment eines Wikinger-Bildsteins aus dem 8. oder 9. Jh.,
eingemauert in der Mauer einer Dorfkirche in Söderköping, Mittelschweden.*

welt und der Lebensströme wieder ins Chaos zurückzuverwandeln,
wenn man nicht wach und geläutert ist. Der Mensch wurde aus der
Geistwelt heraus in eine physische Gestalt, in einen sich evolutionär
entfaltenden Zustand gestellt. Er muss nun den Zusammenhang
beider Sphären neu und mit wachen Ich-Kräften finden. Im Mythos
heißt es, der Neiddrache *Nidhöggr* (der hasserfüllt Schlagende)
wohne im Wurzelwerk des immer grünen Weltenbaumes, der ge-
waltigen Esche *Yggdrasil* (= Ichträger, Yggr = der Schreckliche,
Erschreckende). Dort zernagt er immer wieder die Lebenswurzeln.
Man muss um diese Gefahr wissen, man muss ihn bekämpfen und –
in Fortführung des Gedankens, den die Bildsprache des Mythos hier
vermittelt – die ungeheure Kraft des Drachens geläutert überneh-
men und zum Guten anwenden.

Die Möglichkeit, über diese ›Drachenkräfte‹ zu verfügen,
birgt aber auch Gefahr. Die Wikinger, also die Nordgermanen um
und nach Christi Geburt, strebten mit den Drachenköpfen ihrer
mächtigen Schiffe neuem Lebensraum zu, brachten damit aber auch
Zerstörung. Und doch formten sie von Nordfrankreich aus als
›Normannen‹ (= Nordmänner) in England einen zukunftsfähigen, 21

starken Staat. Und in ihren Gebieten blieb das Wissen von der Notwendigkeit des fortwährenden Drachenkampfes wach.

Diese Drachen der nördlichen Erlebnisart wohnen ebenfalls im ›Urwässrigen‹, im Sumpfigen, aus dem sie überflutend ausbrechen können: Tiamat-Erleben auch hier. Dies ist der Ort, wo ihn Sigurd (Siegfried) besiegt, wo ihn der Held und gute König des alten *Beowulf*-Epos sucht und bezwingt. »Im Moore hausend, unheimliche Geister … Wolfsschluchten bewohnen sie, … wo die Flut über der Fläche der Erde verschwindet … Von dort steigt das Wogengewühl zu den Wolken dunkel auf.« Aber auch Feuer flammt aus dem Wasser auf – durch den Drachen hervorgerufenes Chaos. Was bedroht wird, ist das Wesen des Menschen, das auf die Entwicklung von Bewusstsein hinzielt. Der Mensch käme nicht zur Freiheit, die ihn mit all seinen guten Kräften zu einem Mitwirkenden bei der Evolution des Kosmos bestimmt. Alle Prüfungen der sogenannten Drachenkämpfe sind Schritte zum vollsten Bewusstsein, zur Geisterkenntnis hin.

12. *Normannenschiff mit Drachenbug. Szene aus dem Teppich von Bayeux, um 1077.*

Griechische Götter und Helden
als Wegbereiter des Menschen

In der griechischen Fortentwicklung des sumerischen Wissens um die Spannung von Tiamat und Mammu sind die unterschiedlichen Aspekte des ›Drachens‹ von China und Europa, das zu befragende und das zu bekämpfende Wesen, ahnungsweise verbunden. Vom griechischen Wort ›drakon‹ (›dracomei = Feuer aus den Augen strahlen‹) übernahm Europa den Terminus Drache.

Die Auseinandersetzung mit dem Drachen gehörte im antiken Griechenland klar in den Verantwortungsbereich des Menschen. So musste Apollon, der zum denkenden Bewusstsein anleitende Gott, zuerst den Freiraum schaffen: Er musste den Drachen besiegen und zugleich befragen, bevor er in seinem Lehrzentrum Delphoi dem Menschen das große ›Erkenne dich selbst‹ einprägte und ihm den Weg zur Freiheit und zum denkenden Bewusstsein ebnete.

Bevor Delphoi (die Römer nannten es später Delphi), zum Heiligtum des Apollon wurde, wachte dort die Erdgöttin Gäa über die noch unbefragte Natur. Als sich Apollon, der sonnenhafte Durchlichter des menschlichen Bewusstseins, der dort gehüteten Urkräfte bemächtigen wollte, musste er den Drachen überwinden, der ihm den Weg dorthin versperrte. Nun erst konnte er an der Stätte des alten Erdorakels Delphoi sein eigenes Heiligtum einrichten. Er löschte die ›Drachin‹ (drakaina) *delphyne* aus oder bezwang – nach anderen Quellen – den schlangengestaltigen Drachen *Python*, der nun neben ihm den ›Omphalos‹, den ›Nabelstein‹ in Delphi hütete und mit dem er sich besprach. Diese unterschiedlichen Überlieferungen weisen auf zwei Aspekte des Drachenkampfes hin: auf die Gefahr der Triebhaftigkeit, die gelöscht werden soll, während die Kraft des ›Chaos‹, des Ur-Weltseins gemeistert, aber befragt werden muss.

Das Thema des Drachenkampfes wird in der griechischen Kulturepoche stärker differenziert und ausgeleuchtet als auf der vorhergehenden Stufe der Bewusstseinsentwicklung. Ge oder Gäa,

13. *Eugène Delacroix (1798–1863), Apollons Kampf gegen Python. Paris, Louvre.*

14. *Zeus im Kampf gegen Typhon. Chalkydische Hydria, um 540 v. Chr., München, Glyptothek.*

das Ur-Erdsein, lässt in *Typhoeus* einen chaotischen Ur-Drachenty-pus entstehen, aber auch *Uranos*, das Raumprinzip, aus dem wie-derum der Menschheitsleiter Zeus hervorgeht. Dieser bändigt erst-mals die Chaosgefahr, stürzt den Typhoeus in den Ätna, also in die Feuerzone des Erdinneren, die wirksam bleibt.

Aber erst sein Sohn Apollon bändigt die beiden brodelnden Drache-Formen und muss dafür, so wird es überliefert, zum Aus-gleich drei Jahre lang dienen: Der Eingriff in die Weltprozesse ist kein folgenloses Spiel! Doch an die Stelle der amorphen Urkräfte treten dadurch die ordnenden Kräfte des erkennenden Bewusstseins. Nun kann die Aufforderung: ›Erkenne dich selbst‹, wie sie am Eingang des Tempels von Delphi geschrieben stand, an den Menschen erfolgen, der mit ›ei‹, ›Du bist!‹, der wirkenden Gottheit antwortet. So wird hier die Möglichkeit des reinen ›Ich bin‹ vorbereitet.

Hier ist in apollonischer Strenge vorbereitet, was später in den ›Lehrgeschichten‹ der Märchen ins Bild vom höheren Selbst gefasst wird – als Prinzessin auf dem Berg, in einer jenseitigen, geistigen Welt, zu der der Prinz-Jüngste den Weg drachenfrei machen muss. Das Gespräch mit dem Python in Delphoi ist der Schritt über die Schwelle des ›Erkenne dich selbst‹ zum ›Du bist‹ der kosmischen Ordnung.

Auch *Kadmos*, der Bruder der phönizischen Königstochter Europa, versinnbildlicht diese Tendenz in seinem Kampf mit dem Drachen. Ehe Kadmos das geistige Zentrum Theben gründen konnte, musste er an der heiligen Quelle des Ares, des Lehrmeisters des ›Kräftemessens‹, den Drachen töten. Nachdem er ihn mit einem Stein erschlagen hatte, erschien ihm die Göttin Athena, die ihn aufforderte, die Hälfte der Zähne des Drachen in den Erdenacker auszusäen. Aus diesen bewältigten Aggressionskräften sprossen die Spartoi, riesige Krieger, die sich im Kampf gegenseitig niedermetzelten. Die fünf tapfersten, die überlebten, wählte er zu seinen Gefährten. Auch Kadmos musste für die Tötung des Drachens büßen und Ares neun Jahre lang dienen, bevor er die Stadt Theben gründen konnte, in der die Griechen die Lehren aus der vorangegangenen ägyptischen Kultur aufgehen sahen.

Ein weiterer großer Drachenbezwinger des frühen Griechentums war *Jason* (= der Heiler). Dieser um sein Thronrecht betrogene Sohn des Königs von Jolkos (heute Volo) in Thessalien sollte, um seine Herrschaft wiederzugewinnen, das ›Goldene Vlies‹ aus einem Heilszentrum in Kolchis am Schwarzen Meer holen. Aietes, der König von Kolchis, ließ das dem Ares geweihte Fell von einem Drachen bewachen. Mit Hilfe der Zauberkräfte *Medeias*, der Tochter des Aietes, gelang es Jason, den Drachen einzuschläfern.

15. *Jason steigt aus dem Drachen, der in Kolchis das goldene Vlies hütet. Innenbild einer griechischen Schale, um 470 v. Chr., Vatikanische Museen.*

Nach der Überlieferung muss Jason in den Drachen hineinsteigen, der das goldene Widdervlies verschlungen hatte. Viele antike Vasenbilder zeigen ihn, wie er erschöpft aus dem Rachen des Untiers herausgleitet und von Athene und der wartenden Helferin Medeia empfangen wird (siehe Abb. 15). Medeia war gewissermaßen ›Enkelin der Sonne‹, die Tochter des ›Sonnensohns‹ *Aietes*, nach dem sich die Georgier noch bis in jüngster Vergangenheit Aietiden nannten.

Diese Heilkräfte, die dort in Kolchis (heute Georgien) ausgeübt wurden, brachte Medeia, wie es bildhaft geschildert wird, als ›Wasser des Lebens und des Todes‹ mit in das Reich des Jason und ins Bewusstsein aller derer, die Jason mit seinem Schiff ›Argon‹ begleitet hatten.

Dass die Griechen in späterer Zeit fühlten, man könne nicht immer in Sonnengewalten leben, und nun die Dramen vom Verrat des Jason und der Rache der Medeia formten, spiegelt den ›Drachensog‹, die Gewalt der Versuchung. Als nach dieser Überlieferung Medeia verstoßen werden sollte, damit Jason die Tochter des korinthischen Königs Kreon heiraten konnte, tötete sie die Prinzessin sowie ihre eigenen Kinder aus der Ehe mit Jason. Wenig später wurde Jason, allein am Strand wandelnd, von den Trümmern des Schiffes erschlagen, das ihn und die griechischen Fürsten einst nach Kolchis trug.

Aietes, der ›Sohn des Helios‹, Eingeweihter des Sonnenwirkens, war – so sagten die Griechen – einer der drei Wesen, die das ›Ganze denken‹ (oloóphronos) und die Sonnenwirksamkeit in Heilkräfte verwandelten. Noch die Philosophen und Theologen bis 1500 n. Chr. sprachen von ›Intelligenzen‹, die in Sonne, Planeten und Tierkreis walten. Den Drachen in Kolchis überwinden bedeutet vor diesem Hintergrund, das Gespräch mit den Intelligenzen des Kosmos aufzunehmen, ob sie nun Zeus oder Erzengel oder anders genannt werden.

Hier, mit den Motiven der ›Sonnentochter‹ und ›dem Wasser des Lebens und des Todes‹, tritt ein neuer Urtyp hervor, auf dem die Märchen beruhen und der die nächste Stufe der Persönlichkeitsentwicklung repräsentiert. Viele Einzelbilder dieser Heldenwege sind mit den Märchen ins allgemeine Bewusstsein eingesenkt worden, damit sie dort weiter wirken. Man denke nur an das Motiv der ›Prinzessin vom Schloss der goldenen Sonne‹ als Bild eines höheren Selbst, an die ›neidischen Brüder‹, die Trägheit des Menschen, dessen Kräfte nach dem Kampf erlahmten, an das ›Lebenswasser‹, das deshalb geholt werden muss, das belebt und wie ein innerer Weckruf wieder in den Lebensrhythmus zurückfinden lässt.

28

16. *Wappen der Herzöge von Mailand. Erasmus Grasser, Decke des Alten Rathauses in München, 1477.*

Auch das ›Hineinsteigen in den Drachen‹, das ausfluchtlose Erkennen und Ringen mit dem Bösen, mit den Versuchungen der egoistischen Triebe, kommt in einigen Märchen zu Wort. Da ist das Märchen vom ›Verschleierten‹, wie es in Frankreich erzählt wird: Der Ausdruck ›Verschleierter‹ ist die Übersetzung des Wortes ›Myste‹. So nannte man in der Antike und im Mittelalter diejenigen, die eine gründliche Schulung ihrer Erkenntniskräfte bis hin zur Meisterschaft durchmachen wollten. Der ›Verschleierte‹ im Märchen hat nun – gewissermaßen in Kurzform – drei Stufen schrittweiser Bewusstseinsübung zu durchlaufen. Dazu gehören die Erkenntnis und Meisterung der Versuchungen durch das Böse, des Drachen.

Dies sind keine einmaligen Übungen, sondern lange Verwandlungsprozesse. Die Griechen machten es durch die Taten des Herakles deutlich. Der Held musste in seinen zwölf Prüfungen an zentraler Stelle mit der Hydra kämpfen, diesem aus dem Sumpf des Urwässrigen aufsteigenden Wesen mit den vielen Köpfen. Um zu verhindern, dass sie nachwachsen, nachdem er sie abgeschlagen hatte, benötigte er die Hilfe seines ›Neffen‹, also junger und jüngster Kräfte. Das Bild des *vielköpfigen* Drachen ist in den Märchen meist

29

17. Herakles im Kampf gegen die lernäische Hydra. Delphi, 1. Jh. n. Chr.

gerafft und stellt sich in einer Abfolge sich steigernder Kämpfe dar: Erst sind es drei, dann sechs, dann zwölf Köpfe, mit denen der Drache den Helden bedroht. Im Märchen von *Iwan Kuhsohn* ist dies mit ganz großem Atem durchgeführt. Iwan Kuhsohn beginnt seinen Kampf stets mit dem Anruf: »Du, unreiner Geist ...« Der Drachentöter muss auf seinem weiten Weg durch den Erdenbereich in mehreren Anläufen diesem sonnenhaften Lebensbereich, der ›unnennbaren Schönheit‹ so nahe kommen, dass es sich in seinem Leben auf positive Weise auswirken kann.

Was wird vom Drachen bedroht? – Motive aus der Apokalypse des Johannes

Was aber wird vom Drachen eigentlich bedroht? Im slawischen Märchen ist dies sehr deutlich zu erkennen. Es ist der reine Geist, das wache, aber selbstlose Sein im Leben, die Fähigkeit, die großen Lebenszusammenhänge in ihrer geistigen Struktur zu erkennen, sie zu hüten und daran zu arbeiten.

Dieses Motiv war besonders durch die sogenannte ›Apokalypse‹ (= Entschleierung), die Offenbarung des Johannes im Neuen Testament, von prägendem Einfluss auf das Abendland. Sie bildet einen Entwurf der Menschheitsentwicklung unter dem Gesichtspunkt der Beziehung von Mensch und göttlichem Weltenplan. An zentraler Stelle steht das Bild »der Frau, die gebären sollte« (Offb. 12), der Menschenseele, die Geisteskraft gebären will. Sie ist »mit der Sonne bekleidet und steht auf der Sichel des Mondes«. Vor ihr lauert der Drache, »groß und feuerrot, mit sieben Köpfen und zehn Hörnern«, um sogleich das Kind zu ergreifen (Abb. 18).

Da es aber die reine, von der Sonne durchlichtete Seele ist, wird das Kind von oben her, durch den Willen Gottes, ergriffen und dem Drachen entzogen. Doch der Drache verfolgt die Frau. Sie flieht in die Wüste (Abb. 19). Engel ernähren sie, aber die Seele muss eine harte Zeit der Prüfung und Besinnung durchmachen. Fühlen, Denken und Wollen müssen ›in der Wüste‹ geübt werden.

In den griechischen Evangelientexten ist niemals von ›Wüste‹, diesem der südlichen Landschaft entnommenen Topos, die Rede. Dort heißt es ›eremo‹ – Einsamkeit, also Besinnungsraum. Man denkt dabei an die ›sieben Jahre des Schweigens‹ im Märchen (›Die zwölf Brüder‹ oder ›Die sechs Schwäne‹ der Brüder Grimm). In der Apokalypse heißt es, sie müsse dreieinhalb Zeiten in der Wüste bleiben. Dies ist ein alter Terminus, er ist von astronomischer Bedeutung und er ist auch in der Terminologie der Yoga-Lehre die Zeit des Abstiegs und auch des Aufstiegs der ›kundalini‹, also der

18. Albrecht Dürer, *Das Sonnenweib und der siebenköpfige Drache. Blatt 9 aus der Holzschnittfolge zur ›Apokalypse‹ von 1498.*

19. *Die Flucht des apokalyptischen Weibes vor dem Drachen in die Wüste.*
Bamberger Apokalypse, Reichenau, um 1000.

kosmischen Substanz, die um die Wirbelsäule des Menschen flutet (zweimal dreieinhalb Zeiten).

Das Bild der Apokalypse gibt die Prüfungen des Drachenkämpfers nach bestandenem Kampf in Kurzform an. Und es sagt uns, was der Drache bedroht: das Kind, das neue, junge, noch kleine, aber wachsende Sein im Menschen, wie es auch im Märchen vom Typ des (oder der) Jüngsten verkörpert wird. Es bezieht sich auf die immer junge, die geistige Kraft, die zur Erkenntnis des Seins, zur Selbstläuterung, zur Verantwortung fähig ist und darauf hinzielt.

Die Entfaltung dieser Persönlichkeitskraft wird vom Drachen bedroht. Er wird als ›Teufel und Satanas‹ bezeichnet. Der griechische Text spricht vom ›diabolus‹ – von dem wir das deutsche Wort Teufel ableiten –, ›dem Durcheinanderwerfer‹. Das hebräische ›satanas‹ bedeutet ›der Hinderer‹. Es werden also zwei Aspekte der Ablenkung gezeigt: das verworrene, chaotische Durcheinanderwerfen der Zusammenhänge und das durch Trägheit, Dumpfheit oder Täuschung verursachte Hindern am Durchbruch ins klare ›Licht der Gottheit‹ – wie es die Meditierenden des Mittelalters nannten.

Michaelisches Wirken und sein Einfluss auf Europa

Hier nun hilft *Michael*: Es heißt, ›er stürzt den Drachen in den Abgrund‹ (Offb. 12,7–9). Er tötet ihn also nicht. Im Abgrund, auf der Erde, lebt er weiter, wo es die Aufgabe des Menschen ist, ihn zu bekämpfen, zu überwinden und im Kampf die eigenen Kräfte zu steigern, um mit geläutertem Willen in die von Michael ›gereinigte‹ Sphäre geistig-seelischer Erkenntnis einzutreten und von hier aus zu wirken.

20. Michaels Sieg über den Drachen. Glasfenster der Kirche in Silte, Gotland, um 1250.

In der Ostkirche von Byzanz, Griechenland und Russland fügte man zum kosmischen Bild des Erzengels Michael das irdische des ›Ritters‹ *St. Georg* hinzu. Er wurde neben Nikolaus der meistbefragte Heilige der Ostkirche und man kann annehmen, dass die Namenswahl nicht zufällig war: ›Georgos‹ heißt griechisch ›Landmann‹, der mit den Kräften und Aufgaben der ›Gäa‹, der Erde, wirkt, ihr dient, sie entfaltet. Georgos antwortet dem Michael nun von der Erde aus und wird immer wieder als Drachentöter abgebildet.

35

21. St. Georg besiegt den Drachen. Russisch, Anfang 16. Jh., Ikonenmuseum Recklinghausen.

Der Erzengel Michael erschien in den Darstellungen, die ihn bei seinem Kampf mit dem Drachen zeigen, völlig anders, mächtig, reinigend, weit blickend. Das Alte Testament nannte die Erzengel auch ›archistrategos‹, Ur-Kampfleiter, denn man empfand die Engel in ihren verschiedenen Funktionen als tätige Wesen in der Weltenplanung. Das Wort Erzengel, aus dem griechischen ›Archangelos‹ abgeleitet, bedeutet ›Bote aus dem Urprinzip des Seins‹. Unter diesen Erzengeln, ›die um den Thron Gottes stehen‹, sahen die Juden in der Aufbauzeit ihrer Gemeinschaft Michael als ihren Patron, von dem sie sagten, dass er den geheimen Namen aller Dinge zu hüten habe. In diesem Sinn sah man ihn auch als den Herrn der Seelenwaage, der zwischen Gut und Böse Klarheit schuf (vgl. Abb. 32).

Mit der Lehre und Verehrung des Erzengels Michael kam um 600 n. Chr. über Südostitalien ein neuer Impuls ins zentrale Europa hinein. Er war nötig, denn die Drachenkämpfe der germanischen Kultur waren von einer gewissen Traurigkeit umhüllt. Der gute Fürst Beowulf tötete zwar die beiden Drachen und die Drachenmutter, erschöpft davon starb er aber. Und Siegfrieds Drachenkampf verlor seinen Glanz bei der Versuchung durch Kriemhild (Grimhildr = die durch die Maske kämpft) und den Reiz der irdischen Macht: Ihr zu verfallen konnte nur durch den Tod gesühnt werden.

Nun trat ein anderes Drachenkampfbild hinzu, geformt aus den Erlebnissen und Gedanken der diesem Gesamtbild ›Abendland‹ vorangegangenen Kulturen. Es kam über Griechenland, wo Apollon die Drachenversuchung mit seiner durchlichteten Wachheit beantwortet hatte. Es kam über Monte Gargano, die alte Orakelstätte Italiens, in einem Jahrhundert, in dem Karl der Große seine Idee des neuen, eine Einheit bildenden Europa umriss und ausführte. Er nahm den Erzengel auf und machte ihn zum Patron des (wie es später hieß) ›Heiligen Römischen Reiches Deutscher Nation‹. Die Deutschen empfanden ihn als ihren Leitengel und weihten ihm Berge und Pfalzkapellen überall im Land.

Drachen treten häufig auch als Schatzhüter in Erscheinung. In jüngeren Sagen wird dies ganz wörtlich aufgefasst und verführt dazu, in den Klüften nach Goldschätzen zu suchen. Aber nicht der materielle Besitz war das ursprüngliche Ziel der Drachenkämpfe. 37

22. Michaels Sieg über den Drachen. 2. Hälfte des 12. Jh., Paris, Louvre.

Das Gold, das der von Siegfried besiegte Drache hütete, wurde in den Rhein versenkt, und die Schätze des Drachen im ›Beowulf‹ wurden in einer kultischen großen Feier in die Erde versenkt.

Wenn manche Darstellungen des Erzengels Michael zu seinen Füßen nicht die Mischgestalt des Drachen zeigen, sondern ein dämonisch erscheinendes, entstelltes menschliches Wesen, so zeigt sich darin, dass dieser Kampf um das reine, unverzerrte Bild des Menschseins geführt wurde. Aber zugleich zeigt das Bild vom Drachen als Schatzhüter, der auf den Gesteinen und Metallen der Erde brütet, dass es darum geht, die Schätze der Erde und des Kosmos zu erkennen und nicht zu missbrauchen. Es ist die kosmische Dimension, die hier deutlich angesprochen wird.

Drachenkämpfe im Volksmärchen

Die Strenge des Epos von den Nibelungen um den Drachen-töter Siegfried, um seinen Verrat und seinen Tod, und die Helligkeit und Kraft des Michael-Impulses führten dazu, dass in den in Deutschland bevorzugten oder geprägten Märchen nicht mehr der Drachenkampf, sondern die Frage nach dem persönlichen Prüfungsweg eine Rolle spielte. Unter den Grimmschen Märchen gibt es nur ein einziges, ›Die zwei Brüder‹, in dem ein Drachenkampf vorkommt.

In den nordeuropäischen Gegenden wird allerdings das Märchen vom ›König Lintwurm‹ (lint = Schlange) erzählt, das noch Erinnerungen an den Auftrag Odins enthält, das von Sigmund zerbrochene Schwert des Gottes neu schmieden zu lernen. Und dieses ›Schwert‹ erinnert an das ›zweischneidige Schwert‹, das aus dem Munde der Gottheit in der Apokalypse herausstrahlt: Es ist nicht die materielle Waffe zum Kampf, sondern die Kraft des Wortes, die so stark sein soll, dass sie schöpferisch wirkt. Denn Odin war kein Kampfleiter, kein Kriegsgott, sondern ein Lehrer des Wortes. Es geht ihm um die ›Reinigung‹ der Erkenntnis.

Am Anfang des Märchens vom König Lintwurm steht das Unmaß der Seele. Die Königin erhält von einer alten Frau den Rat, eine von zwei Rosen zu essen, worauf ihr Wunsch nach einem Kind in Erfüllung gehen würde. Wenn sie die rote nehme, würde sie eine Tochter gebären, entscheide sie sich aber für die weiße, dann bekomme sie einen Sohn. Am nächsten Morgen folgt sie dem weisen Rat der alten Frau, nimmt aber gleich beide Blüten: rot und weiß, Yin und Yang zugleich. Daraufhin wird ihr nicht etwa ein Mädchen und ein Junge geboren, wie sie es erwartet hatte, sondern die Verkörperung ihres Un-Maßes, ein Drache. Der Vater nimmt das Kind als Schicksal an. Es wächst heran, verlangt nach einer Frau, tötete aber jede und vertilgte sie. Schließlich sollte der Drache aber erlöst werden und seine wahre menschliche Gestalt finden durch die Forderung der reinen Seele in Gestalt einer Schäferstochter: Du musst dich selbst herausschälen aus den neun Häuten des Drachen-Seins. Kraftlos und zitternd liegt der Drache, nachdem er eine Haut nach der anderen abstreifen musste, am Boden, bevor er die Gestalt eines Jünglings annehmen kann. So geht König Lintwurm durch neun Prüfungen, neun Häutungen, und erwacht schließlich als Mensch.

Nun ist die Neun in der germanischen Weltlehre eine bedeutungsvolle Zahl. Wie in Indien kannte man neun Welten, neun Kräftesphären. Die unmäßige Drachennatur des Menschen wird nur für denjenigen beherrschbar, der lernt, die neun Sphären zu unterscheiden, sie auf rechte Weise ins irdischen Leben einzubeziehen. Im frühchristlichen Bereich gibt es als Entsprechung dazu die Lehre von den neun Engel-Hierarchien, eine Stufenfolge wirkender Wesen aus der ›hieros arché‹, dem ›heiligen Ursein‹, von denen der Mensch als zehnte Hierarchie erwartet wird. Was dem Drachen abzuringen ist, wäre also der freie Mensch, das immer Junge, ›das Kind‹ aus der Apokalypse.

Die Auseinandersetzung mit dem Bösen als Begegnung mit dem Drachen

Man muss genau hinsehen, was sich hinter den vereinfachenden Formeln verbirgt, mit denen in der kirchlichen Terminologie die Bedeutung des Drachen, den die Heiligen besiegen, ganz allgemein auf ›das Böse‹ festgelegt wird – wie es übrigens auch noch in der Psychologie C.G. Jungs geschieht. Was ist hier eigentlich das ›Böse‹?

Im biblischen Paradies stehen der Baum des Lebens und der Baum der Erkenntnis von ›Gut und Böse‹ nebeneinander, der eine ist nicht ohne den anderen vorstellbar. Wo in der Bibel das Wort ›Sünde‹ benutzt wird, steht im alten griechischen Text ›hamartia‹, ›das Ziel verfehlen‹, ein Begriff aus der Sprache der Bogenschützen.

23. Raphael, Der hl. Georg im Kampf mit dem Drachen. Um 1505, Paris, Louvre.

Erfolg ist beim Schützen auch eine Frage der Zeit. Er kann noch einmal anlegen, wenn er sein Ziel nicht trifft. Im uns bekannten Bibeltext wirkt ein Übersetzungsfehler der lateinischen Septuaginta fort, die später kirchenoffiziell wurde und den ursprünglichen Sinn verfälscht. Darin wird der Begriff ›peccatum‹ (peccare = beflecken) verwendet, der ein irreparables Übel bezeichnet. 41

Schon in Sumer und Akkad sprechen die unserem Sündenterminus entsprechenden Begriffe wie in den griechischen Bibeltexten vom ›Verfehlen‹ des Ziels. ›hatu‹ oder ›hitu‹ bezeichnet immer ein Verfehlen der Götterordnung, die in der Rechtspraxis der Stadtfürsten gehütet wurde. Hammurabi ›empfing vom Sonnenherrn die Rechtsordnung‹, hieß es noch in späterer Zeit. Das deutsche Wort ›Sünde‹ käme, wenn es nicht von kirchlicher Seite in seiner Bedeutung entstellt worden wäre, dem Gemeinten sehr nahe: Es kommt von ›sondern‹, sich aus dem ganzen geistig-physischen Zusammenhang absondern. Dies jedoch lässt die Möglichkeit offen, sich bewusst auch wieder neu einzufügen.

Um 3000 v. Chr. erscheint das Bild des Drachen erstmals in der Traditionslinie des Abendlands. Schon damals bezeugt das jährlich befragte ›Schöpfungsepos‹ von einem Erkennenwollen der Schöpfung. Auch Jason betritt die Fragezone der geistigen Hintergründe, als er nach Kolchis kommt. Er und mit ihm die griechischen Fürsten müssen in Samothrake in den Werdeprozess der Natur eingeweiht werden, sie müssen daraufhin mit der selbst gebauten Argo (die Schnelle, also Gedankenschnelle) durch die Symplegaden fahren, die immer in Bewegung befindlichen Felstore zwischen hier und dort. Nachher steht Medeia völlig ungefährdet neben dem Drachenwesen, in das der Fragende, Jason, hineinsteigen muss.

Kolchis ist Sphäre, in der die Frage nach der Sonnenwirkung in der Erdenwelt gestellt wird. Und als *Herakles* als einer seiner zwölf Prüfungsschritte die goldenen Äpfel vom ›Lebensbaum‹ im Bereich der Hesperiden holen muss, die nach bestandener Prüfung wieder zurückgegeben werden, liegt der hütende Drache Ladon an diesem Baum und steht Frage und Antwort. Der Nordländer Sigurd muss zwar den Drachen töten, aber durch sein Herzblut öffnet sich ihm die geistige Weltsicht.

Der Terminus ›Leben‹ war, wie es der Bezug auf die Gärten der Hesperiden anklingen lässt, stets geistig und irdisch zugleich gemeint. Gefahr entstand beim Eingreifen in die kosmische Ordnung. Jedes ›Böse‹ ist ein falsches Eingreifen in diese Ordnung, bei dem sich wesenhafte Kräfte zu regen beginnen, die, wie vermutet werden darf, von den damaligen Menschen mit viel größerer Sensi-

24. Herakles im Garten der Hesperiden. Römisches Relief, vermutlich 1. Jh. n. Chr., Rom, Villa Albani.

bilität wahrgenommen wurden. Aber von der Wirkung Michaels, von der im Apokalypse-Text berichtet wird, geht der Aufruf an den Menschen aus, das dämonische Wesen, das sich von Schaden und Verwirrung nährt, mit wachem Denken und fühlendem Wahrnehmen in allen seinen Verführungen zu erkennen.

Rudolf Steiner sprach vom Drachen als dem Astralbild des Ahriman, der auf Einlass in die vom Menschen verratenen und damit preisgegebenen Kräfte- und Seelenfelder wartet. Michael musste die kosmische Intelligenz an die Menschen herankommen lassen, Ahriman saugt sie auf. Dieser ›Drache‹ wird zwar unter Michaels Füße gebracht, aber ›auf die Erde‹ geworfen ist es dem freien Entschluss des Menschen überlassen, ob diese Intelligenz mit dem Christus verbunden wird, der in Ahrimans Sphäre herabgestiegen ist, oder ob sie Ahriman überlassen wird.*

* Siehe Rudolf Steiner, *Anthroposophische Leitsätze. Der Erkenntnisweg der Anthroposophie. Das Michaels-Mysterium*, Dornach ⁹1989, Leitsätze 111–117   43

Die Taten der Heiligen:
überwinden, ohne zu töten

In unserer gegenwärtigen Menschheitsepoche, in der sich ein über 5000 Jahre hinweg langsam aufgebautes Persönlichkeitsbewusstsein in der Krise des enthemmten Egoismus und der Machtgier befindet, ist die Drachenkraft zur Verwandlung, zur Umwandlung in gute Lichtkraft ›auf die Erde geworfen‹. Wie in den Taten der Heiligen, die sich selbst geläutert hatten, oder denen der Märchenjüngsten, die den Prüfungsweg zur Verantwortung bestanden hatten, deutlich wird, ist das Töten des Drachen gerade nicht der eigentliche Sinn des Drachenkampfes. Es bedeutet ja nur das Auslöschen einer der Erscheinungsformen des Drache-Dämon. In diesem Rahmen der Heiligenlegenden erscheint es nur wie ein vereinfachendes, dekoratives Element. Doch was können uns die Heiligenlegenden mit ihren Berichten vom Triumph über den Drachen darüber hinaus vermitteln?

Von der *hl. Margareta von Antiochien* erfahren wir, dass sie, nachdem sie sich zum Christentum bekannt hatte, von einem römischen Präfekten zur Frau begehrt wurde. Als sie selbst unter Folter nicht von ihrem Glauben abschwören wollte, wurde sie in einen Kerker geworfen. Dort betete sie darum, dass sich ihr Widersacher in seiner wahren Gestalt zeigen möge. Daraufhin erschien ein Drache, der sie sogleich verschlang. Aber sie hatte ein Kreuz in den Händen, das den Drache zerbersten ließ, und die Jungfrau blieb unversehrt.

In einer anderen Überlieferung wird berichtet, wie der *hl. Georg* den Drachen bezwingt. Die libysche Stadt Silena wird von einem Drachen bedroht, der in einem nahe gelegenen See haust. Nur durch das tägliche Opfer eines Schafes und eines Menschen lässt sich der Drache besänftigen. Schließlich fällt das Los auf die Königstochter, und nach langem Ringen entschließt sich der König voller Schmerz, sie dem Drachen zu überlassen. Als St. Georg zufäl-

25. Meister der Koburger Rundblätter, Die hl. Margareta besiegt den Drachen. Ende 15. Jh., Dijon, Musée des Beaux Arts.

45

lig vorbeireitet, als sie in Erwartung ihres Endes weinend am See steht, fragt er sie nach dem Grund ihrer Trauer. Noch während sie ihm Auskunft gibt, erhebt sich das Untier aus dem See, um sie zu verschlingen. Kurz entschlossen schwingt Georg seinen Lanze gegen den Drachen und verletzt ihn so schwer, dass er niederstürzt. Auf sein Geheiß hin wirft die Königstochter dem Untier ihren Gürtel um den Hals, und der so gebändigte Drache »folgt ihr nach wie ein zahm Hündlein« (siehe Abb. 26). Dem König und den verängstigten Bewohnern von Silena verspricht er, ihn zu vernichten, wenn sie sich taufen lassen.

Margareta und Georg wurden durch ihren Sieg über den Drachen nicht davor bewahrt, das sie schließlich doch getötet wurden. Aber ihre Tapferkeit klang nach – in vielen Georgsbruderschaften.

In späterer Zeit verklang die Bedeutung dieser Drachenkämpfe immer mehr ins gefühlhaft unklare, tapfere und aufrichtige Verhalten. Doch beschränkt sich ihr Sinn wirklich nur auf den eines Lehrstücks für tugendhaftes Verhalten? Das Kreuz als Durchgang, die Lehre des Christus, die seelische Zuwendung zu dem kosmischen Wesen, das der Evangelist Johannes den ›logos‹ nannte, als sinnhaft real wirkende Kraft: Diese Dimension wurde in den Drachenkämpfen bald nicht mehr gesehen. Das Wissen, dass der ›Drache‹, der im Kosmos wirkt, als Sternbild die Achse unseres Sonnensystems umzieht und damit zur Gefahr für die kosmische Ordnung, den Logos, werden könnte, geriet in Vergessenheit.

In Sumer begann man, die kosmisch-irdische Natur ins Bewusstsein hereinzuholen und sie damit umzuformen. Heute ist der Mensch reif, die gesamte darin liegende Verantwortung zu erkennen. Alles ›Böse‹ im Menschen ist ein schädigendes Einwirken in die kosmische Ordnung. Aber darüber hinaus wird heute noch eine andere Frage akut: *Weiß* man, was man tut, wenn man in die kosmisch-irdische Ordnung eingreift? Kann man die darin verborgene Planung ergründen und dabei helfen, die Weltenentwicklung zum Ziel zu führen?

›Schatzhüter des Kosmos‹ –
Das Drachen-Erlebnis in China

Heute ist es wichtig, die Erde als Ganzes zu sehen, sie aus den unterschiedlichen Blickwinkeln der einzelnen Völker, die sie bewohnen, als Einheit zu betrachten. Mit dieser Haltung wird es auch möglich sein, das westliche und das östliche Drachen-Erlebnis zu verbinden.

In China wird der Drache als bewegende Kraft in allen Bereichen der Erde und ihres Umkreises gesehen, gefühlt und dargestellt. Er heißt dort ›lung‹. Man hütet sich, ihn aus dem instinktiv gewussten Naturzusammenhang herauszuholen. Man respektiert ihn als ›Schatzhüter‹ des Kosmos, greift nicht in die Abläufe der Natur ein, sondern versucht (versuchte – Krisenzeit ist dort wie hier), die Balance zu wahren. Alles ist ins Schwingen des TAO eingeordnet.

Deshalb gibt es dort keine bildhaften Erzählungen oder Märchen, in denen die Drachentötung eine zentrale Stufe der Persönlichkeitsentwicklung darstellt. Aber es gibt viele Drachengeschichten, in denen Mensch und Drachen zusammenwirken. Die zahlreichen Drachen werden darin noch als Naturkräfte erlebt. Man unterschied etwa fünf Wirkungsbereiche und sah sie in den Wolken, im Wasser der Flüsse und Meere, in den Tiefen der Erde und als Helfer und Berater des Kaisers, der auf der Erde ordnend das zu sichern hatte, was der Himmelsherr als Weltenplan gab.

Der Kaiser sammelte die Kräfte der Sonne in sich und strahlte sie in seine Umgebung. Im Hauptkult saß er bewegungslos in der Mitte, während die rituell handelnden Menschen zu ihm emporsahen. An den Altären der vier Himmelsrichtungen zelebrierte er die großen Festriten, in denen sich die ordnenden Kräfte verdichteten. Immer war er umspielt von den Drachen auf seinen Gewändern, und auf dem Rücken seiner Handschuhe blitzten ihre Augen. Sie hatten fünf Zehen statt der üblichen vier.

27. Seidenstickerei auf dem Prunkgewand eines chinesischen Hofbeamten, 18. Jh.

Die Ränge der die Natur durchwirkenden Drachen waren vielfach gegliedert. Die chinesischen Bildrollen, die man sich zur Meditation eine Zeit lang an die Wand hing, zeigen viele Drachengestalten, in den bewegten dunklen Wolken und Wasserwogen sichtbar, Mächtigkeit ausstrahlend. Viele Tempel an den Flüssen sind den darin wirkenden Drachen gewidmet. Mit festlichen Gewändern gekleidet verehrte man sie. Der Beamte in China, der sich als Gelehrter in langer, harter Arbeit in viele Wissensgebiete einüben musste, ging ›durch das Drachentor‹, wenn er die letzten Prüfungen vor der kaiserlichen Kommission ablegte. Denn als Verwal-

50

28. Drache, der die Lebenskugel hütet. Detail der Neun-Drachen-Wand des kaiserlichen Sommerpalastes in Peking.

ter im Reich des irdischen Drachenkaisers trat er in die Verantwortung vor den waltenden Drachenkräften der Natur.

Man sah in den Kräften der Natur das Wirken der Drachen. Diese Kräfte standen stets im Austausch. Sie waren auch in der einst verbotenen kaiserlichen Stadt in Peking repräsentiert, in den Gärten im Beihai Park: Die farbigen Kacheln einer große Keramikwand (Abb. 28) zeigt zwischen Wolken und Wellen auf jeder Seite neun Drachen in dynamischen Schwüngen, die die ›Lebenskugel‹ behüten.

So impulsiert zeigten die alten chinesischen Häuser rings im Land am hinteren und am vorderen Türpfosten je einen Drachen, der eine herabsteigend, aus dem Erdenumkreis wirkend, der andere aufsteigend, die Kräfte aus dem Inneren der Erde hera.uftragend. Erlebte man diese nicht materiellen Wesen in ihren geschwungenen, bewegten Formen noch in innerer Schau? Dies ist anzunehmen, denn die Chinesen waren davon überzeugt, dass man durch gewisse 51

29. *Yang und Yin (Mitte) und die acht Trigramme des I-Ging, die durch Kombination zu 64 Orakelzeichen erweitert werden können.*

intensive Übungen die unsichtbaren strömenden Kräfte wie physische Gestalten wahrnehmen kann. Man erlebte das alles durchwirkende Fluten und Ineinanderwirken von *Yin und Yang*, von passiv und aktiv, hell und dunkel, Tag und Nacht. Der Drache galt als Yang-Kraft des Aktiven, konnte aber auch Yin-Aspekte zeigen. Als Yang-Kraft entsprach er dem Kaiser, demgegenüber war dann die Yin-Kraft der Kaiserin im Bild des Vogels Phönix erfasst, der sich in großen Rhythmen immer wieder verbrennt und erneuert.

Den flutenden Prozessen des Gestaltens und Umgestaltens wollte man sich in China einfügen, sie wissend und fühlend mitvollziehen. Das ist die Haltung des TAO, des Seins-im-Sein. Auch die Krisen der Unordnung, der ausbrechenden Egoismen wusste man so zu meistern. Man stand der Natur nicht gegenüber, sondern fühlte sich als Teil von ihr und zugleich als ihr wachestes Wesen. Das wache Nachspüren wurde durch die Sensibilität der Künstler auch zur Kunsttheorie: In den Landschaftsbildern versucht man, auf die Drachen zu horchen – ›die Drachenadern‹ zu erspüren. Diese Drachenadern sind wohl die Orte mit starker positiver Strahlung, über denen einst die Menschen allerorts, im Osten wie im Westen, ihre Tempel, Kapellen oder Kirchen errichteten.

Auch in der Medizin und bei der Akupunktur wird dieses Nachspüren des Zusammenspiels praktiziert. Und im *I-Ging*, dem ›Buch der Wandlungen‹, formte man auf diese Weise einen Leitfaden der praktischen Psychologie, eine Lebenshilfe mit konkreten Verhaltensregeln. Das große Orakelbuch gibt mit seinen acht Grundzeichen 64 Möglichkeiten des Verhaltens in Krisenzeiten an – dieselbe Zahl, wie sie sich bei der Gen-Verdopplung aller Lebenszellen ergibt. Die acht Grundzeichen aus je sechs geteilten und ungeteilten Strichen (vgl. Abb. 29) sind aus Yin und Yang gefügt, also teilbarer und unteilbarer, gerader und ungerader Zahl. Es hieß, dass der Urkaiser Fuh-shi (Drachenschlange), der die Menschen die Erdbearbeitung lehrte, ihnen auch die Zeichen des I-Ging gab, und zwar durch die Lehre des Drachen, der aus den Tiefen des Meeres heraufstieg. Und später gab der König Wen, Begründer der Chou-Dynastie um 1125 v. Chr., den ersten Kommentar zur Anwendung des I-Ging. Man sagte insbesondere zum Zeichen Ch'ien, dem ›Schöpferischen, das aus sechs ungeteilten Linien besteht, also ganz aus Yang-Kraft: Wenn der Mensch dies in sich verwirklicht, »indem er in großer Klarheit die Ursachen und Wirkungen schaut, vollendet er zur rechten Zeit die sechs Stufen und steigt zur rechten Zeit auf ihnen wie auf sechs Drachen zum Himmel empor«. Von solcher Position aus schöpferisch zu wirken, ist die Aufgabe.

Alt-Amerika, China und Europa im Vergleich

Das menschliche Drachen-Erlebnis wird noch etwas deutlicher fassbar, wenn man die Bildsprache in Alt-Amerika, vor allem in Mexiko, anschaut. In einem harten, dunkel verwirrenden Kräftekampf zeichnet sich der gute Helfergott *Quetzalcoatl*, die ›gefiederte Schlange‹, als eine Art gutes Drachenwesen aus.

Es gibt viele und machtvolle Darstellungen dieser geflügel-

30. und 31. Quetzalcoatl-Pyramide in Xochicalco, Mexiko (links) und Federmosaik mit Mischwesen, aus dessen Mund Wasser und Feuer entspringt. Aztekisch, 16. Jh. (rechts).

ten Schlangenleiblichkeit. Dieses Wesen wurde als der Verursacher der Wirkungen aus dem Umkreis des Planeten Venus betrachtet. Mit seinem am Himmel deutlich wahrnehmbaren Bewegungsrhythmus wurde dieser Planet seit jeher als ordnende Kraft empfunden. Aber der drachenartige Quetzalcoatl erschien verstrickt in das Umfeld vieler dunkler und Schmerz bereitender Kräfte. Hier fehlte die geniale und sensible Überschau und Balancekraft Chinas.

Zwischen diesen beiden Aspekten des Drachenkampfes steht die Begegnung mit dem Drachen, wie sie sich im abendländischen Denken seit dem alten Ägypten und Sumer über Griechenland, Zentral-Europa und Skandinavien entwickelt hat, in ihrer Eigenheit: In diesem Kulturbereich fühlten sich die Menschen gedrängt, aus innerem Antrieb und Fragewillen sich der Natur mit Abstand gegenüberzustellen. Dies spricht sich bereits formelhaft in den ersten Kapiteln des Alten Testaments aus, im Auftrag an den Menschen, allen Dingen ›ihren Namen zu geben‹, sie also erkennend in Begriffe zu fassen, einzeln und in ihrem Zusammenspiel. Diese Wissbegier war nicht feindlich, sondern neugierig ›ichhaft‹ wissenwollend und gezielt.

Die übliche falsche Übersetzung täuscht. Der frühe griechische Text des Verses 1,28 aus der Genesis sagte nicht, wie Luther es dem Lateinischen gemäß übersetzte, ›macht euch die Erde untertan‹, oder gar, wie es bei Martin Buber heißt, ›bewältigt sie‹, sondern ›katakyrie' sate‹ (werdet Könige der Erde). Einst aber, bis ins späte Mittelalter hinein, war König eine kultische Funktion im Gottesauftrag. Die griechische Übersetzung des Genesis-Textes durch die Septuaginta wurde erst in der lateinischen Vulgata zum ›subicite‹ (unterwerfen) verzerrt und ab 1300 zum kirchlichen Pflichttext.

Diesem biblischen Aufruf an den Menschen, in seinem ursprünglichen Sinne verstanden, wurde in allen Zentren der alten Kulturen des Abendlandes durch intensive, fragende Naturbeobachtung nachgegangen. Die Kenntnisse, die man daraus gewonnen hatte, wurden in den Schulen gelehrt, jenen ›Häusern des Mummu‹ (also der immanenten Weisheit des Absû; siehe S. 9), und das Wissen wurde im internationalen Austausch vergrößert. Man ging sehr früh von den Bilderschriften zu der aus einzelnen Lauten gefügten Buchstabenschrift über. Die Chinesen taten das nicht. Sie haben kein Wort für ›ich‹, für das ›Ich-bin‹-Erlebnis in seiner begrifflichen Raffung. Ihre Sprache blieb im Fluten der Bilder, und jede Silbe bedeutet in verschiedener Tonhöhe gesprochen etwas ganz anderes.

Der Mensch zwischen Selbstsucht und Weltverantwortung

Im Westen konnte man mit der Schrift nun eine logisch aufgebaute Grammatik schaffen, konnte abstrakte Denkbegriffe vom Schauen ableiten (abstrahieren = abziehen), konnte das Geschehen in Teilfunktionen zergliedern, die man sammeln konnte. Aber die analysierende Naturforschung schafft Distanz zur Natur. Die große Ehrfurcht, wie sie noch am Anfang herrschte, verglimmt, 55 und zugleich wächst die Gefahr, dass Hochmut, Egoismus und Machtgier gedeihen, wenn man nicht in der Seele wach ist. Die in der Natur waltenden Drachenkräfte werden angezogen und ballen sich zu einer zerstörerischen Kraft.

Man spürte sehr bald diese Gefahr und damit die Notwendigkeit, sich dem Drachen und seiner dunklen Gewalt zu erwehren. Er war nun nicht mehr Schatzhüter. Dieses Motiv klang nur noch ganz leise und wehmutsvoll in der germanischen Kultur nach, wo man ursprünglich ein intensives Verwobensein in die instinktiv erfassten Naturzusammenhänge erfahren hatte. Deutlich stand nun das Bild des Michael mit der Waage da (siehe Abb. 32), die zwischen Gut und Böse, zwischen Selbstsucht und Weltverantwortung unterscheidet und Klarheit schafft. Diese Aufgabe des Unterscheidens und Wählens war nun deutlich als Schicksalsauftrag des Menschen gegeben und an die ›jüngsten‹, also geistigen Freiheitskräfte in ihm gerichtet.

32. Der Erzengel Michael mit der Seelenwaage. Detail aus dem Weltgerichtsaltar von Rogier van der Weyden, 1443– 1450, Beaune, Hôtel-Dieu.

33. *König Artus als Drachenkämpfer. Frontispiz zu Thomas Malorys Roman*
›Morte d'Arthur‹, 1469.

Im Märchen vom ›dreizehnten Sohn‹ kann man die Ahnung
von dieser Zentralfrage auf dem Weg zur Persönlichkeit erkennen.
Es kommt aus Schottland, also aus dem keltischen Bereich, in dem
man immer die Spannung zwischen Gut und Böse, zwischen Licht-
gott und dem Herrn der Dunkelheit, als sehr weit gespannt beach-
tete. Der ›Dreizehnte‹ ist immer der Sinngebende. Als Dreizehnter
sitzt Christus inmitten der zwölf Jünger, und als Dreizehnter saß
König Artus in der Tafelrunde der zwölf Ritter, die im keltisch-
germanischen Bereich ordnend wirkten. Der Vater des Artus aber
ist Uther Pendragon, das heißt ›Drachenhaupt‹ – also gemeisterte
Drachenkraft.   57

Im Märchen wird nun der dreizehnte Sohn aus der allzu sicheren Ordnung der Sippe hinausgeworfen – »in sein Schicksal«, wie es heißt. Er dient einem Fürsten als Hüter der Herden. Dabei erfährt er, dass die ›Riesen‹-Kräfte der Natur, ihre wuchernde Chaotik, besiegbar sind und macht sie sich zu Eigen. So hält er dem Drachen stand, der die Königstochter verschlingen sollte. Immer ist ›die Jungfrau‹ der Gefahr des selbstsüchtigen Verschlungenwerdens ausgesetzt: Ein ›Jüngstes‹, die reine Seelenkraft des Ich, ist gefährdet. Doch der Dreizehnte hat gelernt zu widerstehen, aber nicht nur mit seinen eigenen, vitalen Kräften, sondern mit Hilfe der Lebenskraft selbst, die, wenn man sie hütet, den Egoismus des Drachen auslöscht: Der ›Apfel‹, Symbol des Lebens, wird geworfen, der Drache zerfällt. Die Hochzeit zwischen Seele und aktivem Geist findet statt, indem ›der Sohn des Lichtgottes‹ eingeladen wird. Der Dreizehnte wirkt danach aus dem ›Reich der Riesenkräfte‹ der Natur, die er gemeistert hat, mit den Lichtkräften als Ratgeber, und wirkt in die Abläufe der Tage hinein.

Drachenbegegnungen im russischen Märchen

Im keltischen Märchen zeigt sich bereits die Notwendigkeit des Sieges über den Drachen, wenn Naturkräfte beherrscht werden sollen, ohne dass dies zum Hochmut und Missbrauch führt. Dieser Aspekt wird nun in den slawischen, den russischen Märchen in einer noch umfassenderen Weise ausgebreitet, wie es sich bereits in der Namengebung des russischen Märchenhelden andeutet: Er heißt nicht einfach der ›Jüngste‹, der ›Sohn der Witwe‹, der ›Königssohn‹, sondern *Iwan* – das russische Wort für Johannes.

Im slawischen Bereich wirken griechische und frühchristliche Traditionen ineinander. Der Evangelist Johannes war der Ostkirche und den russischen Menschen der liebste der vier Evangelisten. Er ist der spirituellste und fragt von Anfang an nach dem Schöpfungsprinzip unserer Welt, dem ›Logos‹, durch den alles wurde, wie es im Prolog des Johannes-Evangeliums formuliert ist. Das entspricht dem slawischen Gefühl der Allverbundenheit: Von vielen Gestalten der Märchen wird gesagt, sie seien ›dreier Mütter Kind‹, und zwar der leiblichen Mutter, der Mutter Erde und des Kosmos. Es ist eine Fragestellung, die im Grunde im Einklang mit der alten sumerischen Haltung steht, bei der stets die Gesetze des Kosmos befragt und in den Alltag einfügt werden sollten.

Der Drache wird benannt, und wenn man den Namen eines Wesens oder einer Sache weiß, so hat man sie erkannt. Einen Namen geben, so lautete ja auch der göttliche Auftrag an den Menschen zu Beginn des Alten Testaments. Der Drache wird ›Tschudo Judo‹ genannt, das heißt in etwa: ›riesige Gegenkraft, ein Wunder an Gegenkraft‹, und er wird als ›unreiner Geist‹ bezeichnet.

Im Märchen von der ›Milch der Tiere‹ trägt er den Namen ›Gorynytsch‹, das heißt ›Leidsohn‹, Bringer des Leids. Dieses Märchen liefert eine dramatische Skizze vom psychologischen Aufbau des freien Menschen. Der Prinz zieht in ein leeres Land ohne Volk und nimmt seine ›Schwester‹ mit, seine immer und von Anfang an verführbare Seele. Sein Weg führt durch die Zonen der drei Baba Jagas hindurch. Diese sind Hüterinnen der in der Natur wirkenden Kräfte. Die Griechen kannten sie als die drei Graien. Sie warnen den Prinzen, den ›Jüngsten‹, vor der Schwester. Schließlich gelangt der Prinz mit Hilfe ihrer Lehren an den Strom, der die Grenze zum verborgenen Reich der wirkenden Kräfte bildet, und setzt hinüber. Dort siedelt er sich an. Als er aber aus dem Haus ist, verlockt der Drache Gorynytsch aus der alten Welt von der anderen Seite des Stromes die Schwester. Er hüllt sich in die Gestalt des Menschen, oder genauer, er verkörpert die in jedem Menschen verborgene Gefahr der Selbst-Süchtigkeiten, des Egoismus jeder Art.

Um mit diesen Versuchungen fertig zu werden, muss der Jüngste die großen, in sich umgrenzten Tier-Triebkräfte erkennen und beherrschen. Auf der Suche nach der Milch der Tiere, die seine Schwester von ihm verlangt, begegnet er dem Wolf, dem Bären und dem Löwen – Denken, Fühlen, und Wollen werden angerufen. Mit Hilfe dieser Kräfte kann er den Drachen töten – und seine Seele (= Schwester) ist reif zur Besinnung (»fähig zu den Tränen«, wie es heißt).

Am konzentriertesten ist dieser Prozess, der Weg durch die Verwandlung der Seele und der Kampf für das Gute, im Märchen von ›Iwan Kuhsohn‹ erzählt. Die drei Anläufe des Menschen, um zur Erkenntnis zu gelangen, stehen hier am Anfang. Die Dreiheit von Fühlen, Denken und Wollen ist in den drei ›Brüdern‹ dargestellt, die durch den ›Fisch‹, durch das Wasserelement des Lebens, geboren werden. Es sind der Sohn der Magd, der den Dienst am Lebensprozess in einem vorbewussten Fühlen ausübt, der Sohn der Zarin, der zum Denken und Planen berufen ist, und der Sohn der Kuh, der als Willensträger mit der ›Stierkraft‹ der Erde verbunden ist.

Im Märchen wird vor allem diese Willenskraft, die gebändigte Stierkraft betont. Die drei Brüder gehen, dem Rat der Baba Jaga folgend, zum Johannisbeerstrom, dem blutroten Strom der Lebenssäfte, zum Drachenkampf. Die Frage des Drachen lautet: »Wozu kommst du hierher?« Iwan antwortet: »Um dich unreine Kraft anzuschauen, deine Kraft zu prüfen.« Der große, dreifache Kampf gegen den sechs-, den neun- und den zwölfköpfigen Drachen wird, durch Iwans Antwort angedeutet, zur gewollten Freiheitstat.

Diese Märchen schildern Taten aus voller Wachheit. Keine Spur von Trance waltet in ihnen. Auch ›der Heldenschlaf‹, in den manche Sieger nach vollbrachter Tat fallen und so den Trägheitskräften in sich, den ›älteren Brüdern‹, Gelegenheit zur Überlistung geben, ist nur eine rhythmische Pause. Aber bei Iwan Kuhsohn und vielen anderen Kämpfern ereignet sich hier noch etwas anderes: Die sogenannte ›magische Flucht‹ findet statt.

Nun kommen die Drachenmütter und -schwestern, um sich zu rächen. Der Hunger, der Durst und der Schlaf werden zum Vorwand der Trägheit. Das menschliche Anliegen ist nun, diese Versuchungen zum Kräftemissbrauch und Hochmut bis auf die Wurzeln auszurotten. Iwan erkennt sie. Was er aber noch nicht erkannt hat,

34. *Das Michaelsheiligtum Mont St.-Michel vor der normannischen Küste, darüber der Erzengel im Kampf mit dem Drachen. Handschrift aus dem 16. Jh.*

ist die Gefahr des falschen Mitleids, der unrechten Sentimentalität: Er will der ›Alten‹, der Drachenmutter, die ihm als Bettlerin verkleidet auflauert und um eine Gabe bittet, ein Goldstück geben, aber sie ergreift seine Hand und er wird zu ihrer Beute. Noch ist er schließlich nicht am Ziel. Der Drachenkampf ist nur Wegbereinigung. Noch einmal wird er ins Innere der wirkenden Erdenkräfte gerissen. Dort befiehlt ihm der ›Alte‹: »Hol mir die goldhaarige Schöne aus dem ›nie gesehenen Reich‹. Die Sonnentochter, hol sie herein.« Iwan gelingt dies mit Hilfe seiner fünf Gefährten – Dienerkräfte, die er entfalten muss, um die Lichtkraft, die im Erd-Lebensprozess wirkt, zu gewinnen.

Durch die weiten Wege, die in den russischen Märchen zurückgelegt werden, wird spürbar, dass es sich um lange während Prozesse eines genauen Naturerkennens handelt, um ein Erfahren der kosmischen Hintergründe der Erdennatur und somit des Menschseins. Diese langen Wege in die inneren Bezirke der Erde, über Ströme hinweg ins Reich des göttlichen Ursprungs: All dies ist langfristige Lebensleistung.

Die Verwandlung der Drachenkräfte

Ebenso gingen bei den griechischen Helden lange während Kämpfe und Irrfahrten voraus, ehe sie auf einer höheren Ebene etwas Neues begründeten. Die Bildsprachen der alten Mythen legten dem Zuhörer einen Antrieb zu eigenem Mittun ins Unterbewusste hinein. Der Drachenkampf war die entscheidende Wende bei der großen Erforschung und der ›Namensgebung‹ des Seins, er war die Reinigung von Selbstsüchten aller Art. Die Naturwissenschaft kann als bewusstes Gespräch mit den schöpferischen Göttern (= Geistwesen) human werden, wenn dieser Kampf bestanden wird. Der Mensch übernimmt dabei den Drachenkampf des sumerischen *Enki* (Herr der Erde) und des *Enlil* (Herr der Geist tragenden Luft), des babylonischen *Marduk*, der assyrischen Götter, des griechischen *Apollon*, des Archangelos *Michael* in die eigene Verantwortung. So kann er die Natur in ihrer kosmosbezogenen Ganzheit neu erfassen. Das gibt ihm auch die Fähigkeit, die alten Erkenntnisse neu zu erfahren.

Im alten China sagte einst der irdische Drachenkaiser, beraten von seinen Weisen, die hellhörig in die Natur hineinhorchten, welche Tonart beim Musizieren, welche Farbe, welche Pflanze zu jedem Monat passt. Im Westen haben wir begonnen, die Natur mit unseren wachen Kräften zu erkennen, und haben sie dabei in Unordnung gebracht. Nun können wir versuchen, auf andere Art in sie hineinzuhorchen, indem wir die Weisheitskräfte des Drachen, die erkennend in uns angestaut wurden, heilend ins Ganze auflösen, und in uns selbst die Ego-Enge unseres persönlichen Horizonts überwinden. Man kann sich so den Extrakt des Drachenbildes vieler Jahrtausende vergegenwärtigen und die Bilder lebendig in sich ausklingen lassen.

Was also bedeutet der Drache? Er siegt, wenn der Mensch der Verantwortung ausweicht – der Verantwortung für das Ganze, in das der Mensch eingebunden ist. Auch dann, wenn die Kraft, das Ganze zu ›denken‹, noch nicht vollständig ausgebildet ist, so ist sie doch als Ziel gegeben und man kann weiter danach suchen.

»Indem … dieses Himmlische, die Intellektualität und die Freiheit, in das irdische Leben eingezogen ist, ist für die Menschheit ein anderes Aufblicken zur Göttlichkeit notwendig geworden, als früher der Fall war. Und dieses andere Aufblicken zur Göttlichkeit für die Menschen ist möglich geworden durch das Mysterium von Golgatha. Indem der Christus eingezogen ist in das irdische Leben, kann er heiligen dasjenige, was aus übersinnlichen Welten eingezogen ist, und was sonst den Menschen zur Hoffart und zu allem Möglichen verführen würde … Vom Christusimpuls muss durchdrungen werden die Fähigkeit, was unser Heiligstes in diesem Zeitalter ist: die Fähigkeit, reine Begriffe zu fassen, und die Fähigkeit der Freiheit. Das Christentum ist nicht vollendet, das Christentum ist gerade dadurch groß, dass die einzelnen Entwicklungsimpulse

63

der Menschheit nach und nach von diesem Christus-Impuls durchtränkt werden müssen. Der Mensch muss lernen, mit Christus rein zu denken, mit Christus ein freies Wesen zu sein, weil er sonst nicht in der rechten Weise dasjenige, was für ihn aus der übersinnlichen Welt in die sinnliche herübergezogen ist, im Zusammenhang mit der übersinnlichen Welt wahrnimmt« (Rudolf Steiner).*

Wenn man sehr vorsichtig versucht, die Bilder und Terminologien aufzuschlüsseln, lässt sich Verständigungsmöglichkeit zwischen den Kulturen ahnen. Wenn das, was Christus ist, was er vorlebt, lehrt und handelt, unabhängig von seinem Namen (christos = messias = der zur Opferung mit heiligem Öl ›Gesalbte‹) als das Prinzip des ›kosmischen Ich‹ erkannt wird, als Wesen, das den wirkenden ›logos‹ repräsentiert, der alle Kräfte zusammenfasst und gestaltet – dann ist die Kräftewelt, aus der geschöpft wird, jene Sphäre des TAO, dieselbe, die man im Westen als Vatergott bezeichnet. Nur muss man die Hilfsbezeichnungen ›Vater‹ und ›Sohn‹, die in jedem Mythos als Bezeichnung für ein früher oder später Ins-Wirken-Treten stehen, wieder auflösen. So kann das alle Kulturen einbeziehende Gespräch über den Drachen zur Erkenntnis einer ›Krisenkraft‹ in unserem Dasein führen und den Weg in eine gemeinsame Zukunft hinein öffnen.

* Rudolf Steiner, *Anthroposophische Gemeinschaftsbildung. Das lebende Wesen der Anthroposophie und seine Pflege.* Bd.V (GA 257), Dornach 1974, S. 45